BLAUES WUNDER

Michael Wüstefeld

Michael Wüstefeld

BLAUES WUNDER

Dresdens wunderlichste Brücke

be.bra verlag
berlin.brandenburg

INHALT

Hotel Demnitz

EIN DRESDNERISCHES WUNDER

Als längsseits der Elbe Westen und Osten nicht nur unschuldige Himmelsrichtungen waren, fragte mich ein Freund aus München, nachdem ich in einem Brief das „Blaue Wunder" erwähnt hatte, was dieses Wunder sei, worin es bestünde, ob überhaupt in Dresden ein solches zu erleben wäre. Seine Fragen wunderten mich. Wer wohl, so fragten wir Talgeborene uns ahnungslos stolz, kennt denn das „Blaue Wunder" nicht? Daran hat sich bis heute nichts geändert. Jeder Dresdner schließt, sozusagen von Geburt an, Bekanntschaft mit diesem Wunder und meistens den Pakt, es unzweifelhaft schön zu finden. Lieber lügt er das Blaue vom Himmel herunter, als zuzugeben, dieses Wunder sei nichts anderes als eine Brücke. Und frühzeitig wird ihm Vorsicht eingebläut: Über das Wunder nicht im Gleichschritt gehen! Was für Zivilpersonen gleichermaßen wie für Uniformröcke oder Blauhemden gilt. Wann immer davon die Rede ist, klingt die Ermahnung wie ein Befehl. Im Grunde ist sie eine überflüssige, fast kleinliche Lektion. Denn welcher Dresdner würde sich für Gleichschritt entscheiden, wenn es heißt, über das Wunder hinweg einem blauen Montag oder einer Fahrt ins Blaue entgegenzugehen? Nein, der hineingeborene Dresdner hat unter normalen Umständen nichts für Gleichschritt

Das „Blaue Wunder" vor seiner Verbreiterung. Links im Bild das Zollhäuschen auf Blasewitzer Seite.

übrig. Seit der Zerstörung der Stadt am 13. Februar 1945 will er diese Gangart aus seinem Gebrauch gestrichen wissen. Und andere Scheußlichkeiten gleich mit. Auch wenn sich der Himmel noch so blau über das Wunder wölbt, von „Bombenwetter" redet der sprachbewusste Dresdner nicht. Dabei wird „Bombenwetter" der Brücke gar nichts anhaben. Den eigentlichen Schaden richtet Mistwetter an. Wenn es Bauernjungen regnet, Schloßen gegen die Pfeiler peitscht oder Nebel tröpfchenweise die Farbe infiziert. Kein Wunder bei dieser Konstruktion! Wo der Schutzanstrich blättert, frisst der Rost sich Bahn. Deshalb sind Korrosionsschützer zwischen Loschwitz und Blasewitz angesehene Leute.
Vielleicht hatte ich meine innigste und intensivste Beziehung zum „Blauen Wunder", als ich in Loschwitz zehn Jahre Ingenieur hinterm Pappelwäldchen war. Damals ging ich werktags mindestens zweimal zu Fuß über die Brücke, einmal hinüber und wieder zurück. Viel zu früh, vorm Aufstehen noch, kam ich von der Straßenbahnhaltestelle, ließ den „Vitaminbasar" und die HO-Gaststätte „Goldbroiler" rechts liegen, stieg die seitlichen Granitstufen zur Brückenrampe hoch und verließ das angestammte Ufer auf oberstromseitiger Gehbahn, wie Brückenbauer zu sagen pflegen, wenn sie flussaufwärts meinen. Mitunter konnte sich aus dem zweimaligen Seitenwechsel sogar ein vierfacher ergeben, dann nämlich, wenn das Kantinenessen, das in Kübeln aus der ehemaligen FDJ-Schule vom Wachwitzer Hang ins Büro geliefert wurde, zu fade war. Zum abgestandenen Kübelessen gab es zwei Alternativen, entweder die Konditorei am Körnerplatz oder das Café „Toscana" am Schillerplatz. Wenn ich mich für das Café entschied, musste ich mich sputen, denn die Büropause währte nur 30 Minuten, also schnurstracks auf der dieses Mal unterstrom gelegenen Gehbahn hinüber. Während ich in der Konditorei nur auf Süßes von Quark-

„Blaues Wunder" über zugefrorener Elbe am 14. Februar 1929.

Die Brücke als Briefmarke.

torte bis Spritzkuchen spitz war, entschied ich mich im „Toscana", obwohl berühmt für Eierschecke, meistens für eine Wurst im Schlafrock. Wenn sich in der Konditorei volkstümliche Brötchenholer eilig die Klinke in die Hand gaben, gaben sich im „Toscana" die Kaffeesachsen mondän. Behütete Damen bekundeten im umfangreichen Brustton der Überzeugung, höchstselbst an der gewichtigen Erfindung der Eierschecke beteiligt gewesen zu sein. Derweil ditschten beißmüde Herren gaumenfreundlich weiche Liebesknochen in die Kaffeetassen. Jahrelang überbrückte mir das „Blaue Wunder" nicht nur die verschiedenen Elbseiten, sondern auch zwei gegensätzliche kulinarische Ufer. Wäre ich während meiner Ingenieursemester im Fach „Technische Mechanik" aufmerk-

samer gewesen, könnte ich vielleicht heute eine Formel entwickeln, die zur Berechnung einer Hängebrücke taugt, aufgespannt zwischen Quarktorte und Wurst im Schlafrock. An den Tagen, an denen ich viermal das „Wunder“ passiert hatte, dachte ich mitunter, in Loschwitz ist besser arbeiten als gut zu wohnen. Denn wer hier wohnt, muss den Ort früh verlassen und kommt spät zurück, zu früh und zu spät, um den Genüssen in Konditorei oder „Toscana“ frönen zu können.
Die Brücke wirkt Wunder. Sie verbindet. Sie schlägt sich von einer Seite auf die andere. Sie hilft uns hinüber. Sie ist Teil der Landschaft und Teil unserer Alltagswege, sodass es kaum mehr verwundert, sie als ebenso beziehungs- wie anspielungsreiche Zusammenfügung gelten zu lassen. Sie überbrückt. Sie fügt zusammen. Der Freund aus München fragt längst nicht mehr, was es mit dem Wunder von Dresden auf sich habe, wenn ich in einem Brief das „Blaue“ erwähne. Höchstens fragt er, ob die Crema di Mascarpone in der „Villa Marie“ immer noch so gut ist, wie bei seinem letzten Besuch.

VORGESCHICHTE UND BAU DER BRÜCKE

Schon „Meinhold's Führer durch Dresden" aus dem Jahr 1881 wusste den elbaufwärts gelegenen Osten als Ausflugsereignis zu rühmen: „Das Dorf Loschwitz, Lieblingsort Einheimischer und Fremder – deshalb reich an Villen und schönen Privathäusern – ist ein Hauptziel der Dresdner." Dorthin wurde für den Dresdner auf Alt- wie Neustädter Seite eine Gehzeit von jeweils einer Stunde veranschlagt. Es sei denn, er benutzte die aus der Altstadt nach Blasewitz fahrende Pferdebahn und setzte von dort mit der Fähre nach Loschwitz über, oder aber der Städter bevorzugte „die angenehmere Fahrt mit dem Dampfschiff". Meinholds Stadtführer charakterisierte des Städters Lieblingsort mittels Burgberg, Herrmannsdenkmal und freundlicher Gartenrestauration, und auch mit paradiesisch anmutender Fruchtbarkeit: „Reichtragende Pfirsiche (Export bis Hamburg, Berlin, Stettin etc.), Reben- und andere Obstanlagen".

Aber nicht nur das im Dorf Loschwitz geerntete Obst, das seinen Weg in die Welt nehmen sollte, ließ die Gemeinde immer dringender für bessere Verkehrsverbindungen plädieren. Auch der in den Steinbrüchen gebrochene Sandstein, Produkte aus Ziegel-, Brauer- und Brennereien, Holz und Wild aus den Forstrevieren, und nicht zuletzt die Menschen, die zwischen Loschwitz und Pill-

Vor dem Brückenbau: Schraubendampffähre auf Loschwitzer Elbseite, um 1880.

nitz lebten, aber in der Stadt arbeiteten, waren in die Residenz zu transportieren. Um aus den Vororten der rechten Elbseite dorthin zu gelangen, gab es im Grunde nur drei Möglichkeiten: Zwei Wege auf Neustädter Seite zu einer innerstädtischen Brücke und die Loschwitz-Blasewitzer Fähre. Entweder also auf der oft überschwemmten Ledergasse, dem heutigen Körnerweg. Oder durch die steil ansteigende Schillerstraße, die für Fuhrwerke nicht nur reichlich eng, sondern im Winter gefährlich und bei Glatteis unpassierbar war. Oder aber mit der Fähre über die Elbe, was durch das häufige Hochwasser und den Eisgang im Winter oft erschwert oder unmöglich gemacht wurde. Deshalb schlug das Sächsische Ministerium des Innern bereits im Jahr 1872 vor, in Verlängerung der von Pillnitz kommenden Landstraße zwischen Loschwitz und Dresden-Neustadt eine neue Verbindung zu bauen. Weil aber die neue Straße einerseits durch Hochwassergebiet geführt und andererseits keine Lösung für die Frage der dringend notwendigen Flussüberquerung gebracht hätte, fiel das Projekt buchstäblich ins Wasser und wurde 1883 endgültig aufgegeben.

Stattdessen wurden in den rechtselbischen Gemeinden immer öfter Stimmen laut, die den Bau einer Brücke zwar „in größter Ergebenheit", aber mit Bestimmtheit bei der „Hohen Königlichen Staatsregierung" anmahnten. Schon 1874 hatten dem Finanzministerium zwei Projekte für Brücken aus Sandstein vorgelegen, die aber aus finanziellen Gründen keine Beachtung fanden. Erst zwei Petitionen brachten Bewegung in die Angelegenheit. 1880 erging eine Bittschrift an die Königliche Amtshauptmannschaft Dresden-Neustadt, unterschrieben von all jenen Gemeinden, die gegen die schwierigen Verkehrsverhältnisse hin zur Landeshauptstadt und

Hochwasser bei Loschwitz 1890.

hinüber auf die linke Elbseite anzukämpfen hatten. Der Petition schlossen sich immerhin 20 Gemeinden an, in alphabetischer Reihenfolge waren das: Borsberg, Bühlau, Cunnersdorf, Gönnsdorf, Hosterwitz, Krieschendorf, Loschwitz, Malschendorf, Niederpoyritz, Oberpoyritz, Pappritz, Pillnitz, Rochwitz, Rockau, Schönfeld, Schullwitz, Söbrigen, Wachwitz, Weißer Hirsch und Weißig. Der vielstimmigen Bitte vom rechten Elbufer folgte 1883 eine weitere Petition, die von der Gemeinde Loschwitz an das Finanzministerium erging. Darin wurde das Dilemma anschaulich und ausführlich dargestellt. Nach einer detaillierten Aufzählung der Handelstätigkeit von einem zum anderen Ufer sowie den damit verbundenen Schwierigkeiten scheute sich der Bittsteller nicht, auch allgemeine Probleme des Fährbetriebs zu schildern: „Wer Eile hat… kommt gerade an, wenn die Fähre abgegangen ist, der sieht sich bis zu ihrer Wiederkunft einer harten Geduldsprobe ausgesetzt, die um so unerträglicher wird, je mehr die Unbilden der Witterung sich geltend machen. Und wie aufhältlich, schwierig und nicht selten beängstigend und gefährlich sind die den Fährbetrieb ersetzenden Schaluppenfahrten – der Nachtüberfahrten gar nicht zu gedenken."

Aber es wurden nicht nur Klagen angestimmt, sondern auch Vorschläge unterbreitet. Der Petition lagen neue Entwürfe für Brückenprojekte bei. Einer stammte von Ingenieur Kitzler aus Dresden, dessen Brücke aus einer an vier Stahlketten oder Drahtkabeln hängenden Fahrbahn bestand, ein anderer von der „Königin-Marienhütte" in Cainsdorf bei Zwickau, der eine stählerne Parabelträgerbrücke mit einem Pfeiler in der Flussmitte vorsah. Für den Cainsdorfer Entwurf wurden Kosten in Höhe von 945 000 Mark, für die Kitzlersche Hängebrücke 787 000 Mark veranschlagt.

Ein Jahr nach der Loschwitzer Petition, im Oktober 1884, stellte die Sächsische Staatsregierung eine Beihilfe zum Brückenbau in Aussicht. Zugleich erfolgte durch die Königliche Wasserbaudirektion und das Königlich Sächsische Finanzministerium eine Projektausschreibung, die im Wesentlichen mit folgenden Bedingungen verbunden war:

1. *Brücke senkrecht zur Elbe,*
2. *Stromöffnung mit einer lichten Weite von 135 Meter,*
3. *Landöffnungen auf beiden Seiten von mindestens 58 Meter,*
4. *Abflussorientierung am Hochwasser von 1845 (+ 8,77 Meter Dresdner Pegel),*
5. *Steigung der Gefällelinie von maximal 1:30,*
6. *Unterkante der Brückenkonstruktion 10 Meter über Null-Wasserstand,*
7. *statisch bestimmte Eisenkonstruktion für die drei Hauptöffnungen,*
8. *Fahrbahnbreite mindestens 6,40 Meter; Fußwege links und rechts jeweils 1,70 Meter bis 2 Meter.*

Keines der bis dahin vorliegenden Projekte erfüllte alle Bedingungen, und es schieden jene Entwürfe aus, die einen Mittelpfeiler in der Elbe vorsahen. Jetzt schlug die Stunde von Prof. Claus Köpcke (1831–1911), der zum Zeitpunkt der Ausschreibung als Beamter einer der ausschreibenden Behörden, nämlich dem Finanzministerium, diente. Claus Köpcke hatte in Hannover Ingenieurwissenschaften studiert und war, nach Tätigkeiten in Hannover und Berlin, seit 1869 Professor für Entwurf und Ausführung von Eisenbahn-, Straßen- und Wasserbauten an der Polytechnischen Schule Dresden, der späteren Technischen Hochschule / Technischen Universität Dresden. Von 1872 bis 1903, dem Jahr seines Ausscheidens aus dem sächsischen Staatsdienst, stieg er die Karriereleiter vom Referenten bis zum Ministerialdirigenten aufwärts, um schließlich anlässlich seines 80. Geburtstags zum „Wirklichen Geheimen Rat“ ernannt zu werden. Bis in das Jahr 1857 können Arbeiten Claus Köpckes über das so genannte „Hängefachwerk mit drei Gelenken“ zurückverfolgt werden, und sein Ehrgeiz bestand darin, dieses „statisch bestimmte System“ bei einem Brückenbau zu verwirklichen.

Als auf Anregung Claus Köpckes die Cainsdorfer „Königin-Marienhütte“ im Juli 1885 ein verändertes Projekt einreichte, beinhaltete dieses wie selbstverständlich eine versteifte Hängebrücke nach Entwürfen Köpckes und erfüllte alle genannten Randbedingungen. Ein Jahr darauf lag schließlich nur noch ein Konkurrenzprojekt vor, das der inzwischen gegründete Loschwitz-Blasewitzer Brückenverband in Auftrag gegeben hatte. Dabei handelte es sich um eine Drahtkabelbrücke der Firma Felten & Guilleaume in Mühlheim/Rhein. Zwar fiel der Mühlheim-Entwurf überraschend elegant und kostengünstig aus, hatte aber gegen den Köpcke-Entwurf keine Chance, zumal letzterer längst von maßgeblichen Personen der Regierung sowie Dresdens Oberbürgermeister Stübel bevorzugt wurde. Obwohl der Loschwitzer Gemeindevorstand Moritz Strauß, der zugleich den Vorsitz des Brückenverbandes innehatte, in einem Brief von 1886 leise Zweifel an einer Eisenbrücke äußerte, war die Entscheidung bereits gefallen, vorbei an allen Zweiflern und hinter den Kulissen. Aber die Gemeinden hielten stille, wussten sie doch, sie waren die Bittsteller und in Dresden nicht nur die königliche Macht, sondern auch das erhoffte Geld.

Wie von Ministerialdirigenten am „unterthänigen“ Volk vorbeidirigiert wurde, zeigte sich erneut bei der Entscheidung über die

Bau der Brücke, 1892.

Prof. Claus Köpcke (1831–1911), der Brückenkonstrukteur (links), und Aemil Hugo Ringel (1853–1912), verantwortlich für den Bau der Ankerkammern und Zufahrtsstraßen.

Trassierung der Brücke. Für eine Überbrückung des Flusses gab es Varianten, die schonender in die Landschaft eingegriffen hätten, bei denen der notwendige Grundstückserwerb weniger kostenintensiv und der Einschnitt in die gewachsene ländliche Struktur weniger dramatisch gewesen wären. Am Ende aber entschied sich Dresden auch dabei für die teuerste Variante, die so genannte „Schillerplatzlinie", jene Streckenführung also, die bald darauf und heute noch vom Blauen Wunder dominiert wird.

Nach dem Zuschlag für den Köpcke-Entwurf erhielt die „Königin-Marienhütte", seit 1839 „Sächsische Eisenkompanie AG", auch den Zuschlag für Fertigung und Montage der Stahlkonstruktion. Die Loschwitz-Blasewitzer Brücke sollte die 1500. Brücke werden, die in diesem Werk zur Fertigung kam. Am 1. April 1891 stach der Spaten symbolisch in die Erde. Der Brückenbau begann. Die Bauleitung hatte Bauinspektor Manfred Krüger inne, zugleich zeichnete er für den Aufbau der Stahlkonstruktion verantwortlich. Mit der Organisation aller anderen Gewerke, zum Beispiel Bau der Zufahrtsstraßen und Ankerkammern, war Regierungsbaumeister Aemil Hugo Ringel beauftragt. Zeitweilig kamen bis zu 2000 Arbeitskräfte auf der Baustelle zum Einsatz. Die in Cainsdorf vorgefertigten Teile aus basischem Siemens-Martin-Stahl wurden mit Bahn und Schiff angeliefert und in neun Monaten montiert. Unter Verwendung von 97 Tonnen Nietmaterial wurden etwa 3800 Tonnen Stahl verbaut.

Nach den abschließenden Anstricharbeiten konnten im Frühjahr des Jahres 1893 die Gerüste zurückgebaut werden. Der 11. Juli 1893 ging als Tag der Belastungsprobe in die Annalen ein. Lasten mit einem Gesamtgewicht von 157 Tonnen wurden gleichmäßig auf der Brücke verteilt. Historischen Berichten zufolge war alles aufgeboten, was Masse brachte:

- *3 Dampfstraßenwalzen,*
- *3 gewöhnliche steinerne Straßenwalzen, vier- und zweispännig,*
- *3 mit Steinen und Schiffsankern beladene Straßenbahnwagen, zweispännig,*
- *3 gefüllte Wassersprengwagen, zweispännig,*
- *1 voll besetzter Pferdebahnwagen, zweispännig,*
- *3 Kutschen,*
- *1 schwerer Materialwagen,*
- *1 Kompanie des Dresdner Jägerbataillons,*
- *150 Passanten.*

Die Brücke hielt, was statische Berechnungen versprochen hatten. Ihr auf 146 Meter freitragendes Mittelteil bog sich bei der zur Probe aufgebrachten Belastung nur um 9 Millimeter durch. Nach erfolgter Entlastung konnten keine bleibenden Verformungen festgestellt werden.
Am 15. Juli 1893, vormittags 11 Uhr, wurde das Bauwerk als „König-Albert-Brücke“ der Öffentlichkeit übergeben. Anschließend feierten 250 betuchte Loschwitzer, Blasewitzer und Dresdner Bürger das Ereignis mit einem Bankett im Hotel Demnitz, dem späteren Elbe-Hotel, das heute ruiniert und verfallen ist. Im Garten des Hotels musizierten diverse Kapellen, Männergesangsvereine und Liedertafeln, bis am Abend ein Ball die Feierlichkeiten festlich beschloss. Die Presse vermerkte vor allem die unmäßige Vielzahl der zum Festakt gehaltenen Reden sowie die Uraufführung einer Art Brückenhymne, Text: A. von Wedell, Komposition: Paul Riesen. Was im Lied verklärend und schwärmerisch als Pracht, als „Triumphgesang in Stein und Eisen“ gepriesen wird, wurde von Heimatkundlern und Villenbesitzern als Schandfleck gegeißelt.

Die Belastungsprobe am 11. Juli 1893.

„Das Werk gelang: Vom grünen Elbgestade
Wölbt es sich mächtig himmelan,
Als hätten Riesen auf verweg'nem Pfade
Gebaut zum Himmel eine Wolkenbahn.
Zu Stein und Erz erstarrten die Gedanken;
Die Hülle schwand, gefallen sind die Schranken.

Es schwellt die Brust ein seeliges Empfinden;
Stolz ruht der Blick auf der enthüllten Pracht.
Den späten Enkeln wird das Werk verkünden
Was Sachsen birgt in Steinbruch und in Schacht.
Stolz soll es einst die Kunst der Väter preisen
Als ein Triumphgesang in Stein und Eisen!

Der Hammer ruht – erloschen sind die Gluten;
Gegründet liegt des Ankers Riesenlast;
Wie Jubelrauschen klingt es aus den Fluten:
Es ist vollbracht! Ihr Mannen haltet Rast!
Uns aber laßt dem glücklichen Gelingen
Aus Herzensgrund ein helles Loblied singen!

Dem Meister Heil! In dieser Weihestunde,
Nach dessen Geist sich fügte Form und Kraft.
Heil allen denen, die vereint im Bunde,
in Gottes Schutz, am Riesenwerk geschafft.
Drum dankt dem Herrn, und laßt mit Jubelweisen
uns heute jauchzend Mann und Meister preisen!"

Vor dieser hymnischen Aufwallung hatte der Dichter Wedell bereits eine 19-Strophen-Ode zum Brückenbau verfasst, in dem er noch zaghaft kritische Töne anschlug. In einem fiktiven Dialog legt er dem romantischen Maler und Märchenillustrator Ludwig Richter, der viele Jahre in Loschwitz seinen Sommersitz nahm, pures Entsetzen über das Erscheinungsbild der Brücke in den Mund. Als Gegenstimme lässt er Friedrich Schiller, der von 1785–1787 zeitweilig in Loschwitz bei Gottfried Körner wohnte, mit weiser Aufgeklärtheit dagegenhalten.

„Der Schönheit Priester, Ludwig Richter, auch
Erwacht vom Schlaf und tritt an das Gelände:
‚Was muss ich sehn! Das war doch sonst nicht Brauch,
Dass man ein Heiligthum durch solche Unthat schände!

Mein Loschwitz, ach! Du Kleinod meiner Seelen,
Will nun die Großstadt Deinen Zauber stehlen?‘

Da ruft ihm Schiller zu –, vom Vorurtheil befreit:
‚Lasst sie dem Geiste ihrer Zeit nur dienen,
Das Alte sinkt, es ändert sich die Zeit,
Und neues Leben keimt aus den Ruinen!‘

Und beide lauschen staunend und verwundert
Dem hohen Lied vom neunzehnten Jahrhundert.“

Hängt sie oder hängt sie nicht? Fachleute, die eine Einteilung nach festliegenden Konstruktionsprinzipien vornehmen, sehen in der Loschwitz-Blasewitzer Brücke in erster Linie ein statisches System, das sie wie folgt beschreiben: „... durch versteifende Maßnahmen aus der klassischen Form der Hängebrücke entstandene Strebenfachwerkbrücke mit kopfstehendem Dreigelenkbogen in der Hauptöffnung und seitlich angehängten Fachwerkscheiben“. Eine schnörkellose Beschreibung, mit der aus technischer Sicht die wichtigsten konstruktiven Details erfasst werden, liefern Brückeningenieur Haufe und Professor Säckel: „Die Tragkonstruktion des ‚Blauen Wunders‘ besteht aus zwei Tragwerkswänden ..., die wiederum aus je vier Scheiben gebildet werden. Diese Scheiben sind durch Gelenke zu einem statisch bestimmten Tragsystem verbunden. Während die Untergurte in vorgegebenen Längsneigungen geradlinig verlaufen, sind die kräftigen Obergurte der beiden Seitenöffnungen kreisförmig und in der Mittelöffnung nach der Formel einer Hyperbel gekrümmt. Die Ausfachung zwischen beiden Gurten ist rautenförmig mit einem eingezogenen Mittelgurt zur Aussteifung der Diagonalknotenpunkte. Beide Pylone ... sind nicht selbständige Säulen, sondern Teile der zur Stromöffnung gehörenden Tragwerksscheiben. Am unteren Ende stehen

Das „Wunder“ bei Regen.

die Pylone auf Rollenlagern, die die Lasten auf Pfeiler und Baugrund übertragen."

Claus Köpcke nannte „seine" Elbbrücke in einem Vortrag am 13. April 1893 „eine steife Hängebrücke mit 3 Gelenken in der Mittelöffnung". Köpcke weist darauf hin, dass derartige „Bogen- und Hängewerke mit drei Gelenken" schon mehrfach zur Ausführung gekommen sind. Als Beispiele nennt er Dächer über Bahnhofshallen, aber auch Brücken, wie zum Beispiel den 1869 erbauten Eisernen Steg über den Main in Frankfurt mit 65 Meter und die Brücke bei Pittsburgh/Pennsylvania mit 244 Meter Spannweite. Seit Erfindung des Flussstahls konnten bei hängenden Konstruktionen enorme Spannweiten überbrückt werden. So brachte es die 1883 in New York eingeweihte Brooklyn-Bridge auf 486 Meter Spannweite. Heute zählen zu den längsten Hängebrücken die 1979 in Betrieb genommene „Humber Estuary Bridge" in England mit 1410 Meter sowie eine Straßenbrücke mit 1991 Meter Spannweite, die seit 1998 die japanischen Inseln Honshu und Shikoko verbindet.

Was Claus Köpcke in seinem 1893 gehaltenen Vortrag nicht anspricht, ist die Angst eines jeden Brückenbauers, zumal wenn er Hängebrücken konstruiert, sein Bauwerk könnte infolge Resonanzerscheinung, sei es durch zu geringe Versteifung oder unzureichende Schwingungsdämpfung, zum Einsturz gelangen. Dass dieses Thema Köpcke durchaus beschäftigte, ja beschäftigen musste, verraten einige Titel von ihm veröffentlichter Aufsätze. Schon 1858 hatte er über die „sogenannte Abscheerfestigkeit" bei Brückenträgern geschrieben, 1885 folgte der Aufsatz „Über die Beseitigung der Schwankungen an einer Hängebrücke" und 1895 „Über die Schwingungen eiserner Brücken". Aber im Fall der Köpckeschen Elbbrücken-Konstruktion waren Einsturzängste nahezu unbegründet. Gerade in dieser Hinsicht hatte der Konstrukteur aus-

AR – Albertus Rex, die Initialen König Alberts am Brückenpfeiler unter der Wendeltreppe.

reichend Vorsorge getroffen. Vielleicht habe Köpcke mit der großzügig bemessenen Verankerung oder der Steifigkeit gegenüber Seitenkräften sogar des Guten zu viel getan, meinen Experten. Als Kuriosität werden die Schwingungsbremsen angesehen, die über den Scheitelgelenken, zwischen den Pylonen angeordnet sind. Sie bestehen aus übereinander gelegten Blechen, die von Schrauben zusammengepresst werden. Mit Hilfe dieser „Bremsen“ können Schwingungen der Fachwerküberbauten gedämpft und ein Aufschaukeln der Brücke verhindert werden. Trotzdem erlauben sie der Brücke jenen Bewegungsspielraum, der notwendig ist, um Verlängerung und Verkürzung bei Temperaturänderungen mitzugehen. Derartige Verformungen betragen bei der 146,68 Meter langen Mittelöffnung des „Blauen Wunders“ nur ± 2 bis 3 Millimeter, während sie bezogen auf eine Balkenbrücke mit derselben Länge immerhin ± 70 Millimeter erreichen können. Bei steigenden Temperaturen im Sommer senkt sich der blaue Brückenscheitel und die auf Rollenlagern stehenden Pylone verkippen zur Mitte hin, im Winter ist die gegenläufige Bewegung zu verzeichnen.

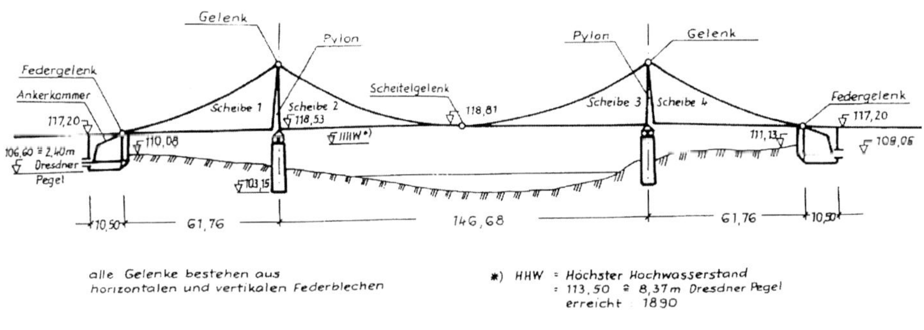

Das statische System der Brücke.

Im Vortrag vom April 1893 fasste Claus Köpcke die wichtigsten Neuerungen seiner Brückenkonstruktion in fünf Punkten sinngemäß zusammen:

1. *Verbindung der Pylonen mit den Trägerhälften der Hauptöffnung,*
2. *Verwendung von Federn zu den Gelenken,*
3. *Anbringung des Scheitelgelenkes unter der Fahrbahn,*
4. *kreuzweise Anordnung der Querträger,*
5. *Anwendung von belasteten Ankern zur Übertragung der Schubkräfte auf den Erdboden.*

Letzteres ist vielleicht das Wunderlichste einer solchen Brücke: das technisch Beeindruckendste bleibt dem Betrachter verborgen, nämlich ihre an beiden Ufern eingemauerte Verankerung. Wer eine der Ankerkammern betritt, fühlt sich an Festungsverließe erinnert, obwohl die Kammer auf Blasewitzer Seite 1994 restauriert und deutlich aufgehellt worden ist. Der Eindruck täuscht trotz frischer Farbe nicht. In den Kammern liegt jene gewichtige Kraft in Fesseln, die der Brücke Halt gibt. Auf schmaler Treppe geht es bis 11 Meter unter Oberkante Straße und bei Niedrigwasser etwa 1 Meter unter Oberkante Elbe abwärts. Die Wände der Kammern sind festungsdick und bestehen aus unbewehrtem Stampfbeton, Granit und äußerer Sandsteinverkleidung. Die Wandungsstärken betragen seitlich 2,5 Meter, zur Brückenrampe 3,2 Meter und zum Fluss 5,1 Meter. Im Sommer werden in den Ankergrüften maximal 12 °C und im Winter minimal 3 °C gemessen. Sollte bei Elbehochwasser wider Erwarten Sicker- und Druckwasser eindringen, sorgt eine automatisch arbeitenden Pumpe für Trockenlegung der Kammern.

Wer auf der trogförmigen Sohle steht, zieht unwillkürlich den Kopf ein und die Schultern nach oben, als würde das Gewicht der Brückenjahre mit ganzer Last auf ihm liegen. Auf Feldbahnschienen ruhen sechs Quader aus Schlackenbeton, denen zusätzlich Eisenhüttenkokillen aufgelagert wurden. Mit einer Gesamtmasse von etwa 1500 Tonnen Ballast wird unter der Oberfläche stabilisiert, was sich oberflächlich als „Blaues Wunder" einen Namen gemacht hat. Mag einer sagen, was er will, das eigentliche Wunder gründet sich 11 Meter tief, nicht 24 Meter hoch, riecht nach verließähnlichem Keller, nicht nach Ozon, ist mit Grabesstille angefüllt, nicht umtost vom Lärm unserer Tage, und ohne Beleuchtung ist das Wunder rabenschwarz, nicht taubenblau.

Hartnäckig hält sich das Gerücht, die Brücke sei ursprünglich grün gewesen. Noch zum 100-jährigen Brückenjubiläum behauptet der Festschriftautor felsenfest, dass die Brücke „zur Anpassung an die Umgebung" grün gestrichen, „der grüne Farbton aus Kobaltblau und Chromgelb gemischt worden" war. Später soll die Brücke zum Chamäleon geworden sein. Der gelbe Farbanteil habe sich infolge Sonneneneinstrahlung und Umweltschadstoffen aus der Mischung zurückgezogen, in Luft aufgelöst, zurückgeblieben sei das „Blaue Wunder". Seit dem 16. Jahrhundert gilt Blau auch als Farbe der Sinnestäuschung, belegt durch den Ausdruck „blauen Dunst vormachen". Zwar wird allerorten versucht, viel Unwahres glaubhaft zu machen. Aber keiner in Loschwitz oder Blasewitz wollte und will ein grünes Wunder erleben. Ganz zu schweigen von anderen Farbspielen. Nein, ein grünes Wunder hat es zwischen Körner- und Schillerplatz ebenso wenig gegeben, wie es zu keinem roten Wunder gekommen ist. Die Brücke ist Zeit ihres Lebens sowohl

Holzbohlengehbahn und Wendeltreppe zum Blasewitzer Pylon.

ideologiefrei als auch blau geblieben. Es lassen sich etliche Hinweise finden, die einen blauen Anstrich der Brücke noch vor ihrer Eröffnung bezeugen. Ein Beispiel soll genügen:

> *„Der Anstrich der Loschwitz-Blasewitzer Brücke in hellblauem Farbton, der dreifach ausgeführt wird, kostet nicht weniger als 57 000 M.“* *(„Dresdner Anzeiger“ vom 25. April 1893)*

Bei dem bis heute andauernden Farbenstreit wird auch gern eine Passage aus dem Bericht über die Eröffnungsfeier zur Zeugenschaft für die „blaue“ Fraktion herangezogen. Dort heißt es schwärmerisch, wie gut das „Blaue Wunder“ zu den blauen Gardereiter-Uniformen gepasst habe. Vielleicht hat König Albert höchstselbst den blauen Anstrich verfügt, damit dieser mit seinen blauen Reitern schön harmonierte. Aber für diese Hypothese gibt es keinen Beleg.

Zehn Jahre nach Brückeneinweihung tauchte das Gedicht „Ein symbolisches Farbenspiel“ des Dresdner Freizeitdichters Willy von Weyern auf, das bezeugt, wie wenig der Brückenanstrich haltbar war.

„Bei Blasewitz schwebt eine Hängebrücke,
Die strahlte einst in sanftem Blau dem Blicke.
Begeistert pries man sie als ‚blaues Wunder‘,
Doch ging der Farbenzauber bald herunter.
Die zeitgemäße Modefarbe wählend,
Erschien die Brücke nun als ‚graues Elend‘.
Die Zeit war schmachvoll schlecht und dieserhalben
Gemahnt ihr Glanz an wirksam graue Salben.
Und wieder mußte sich ihr Anstrich ändern:
Ein mattes Gelb lag nun auf den Geländern.“

Technische Daten

Stützweite der Mittelöffnung	*146,68 m*
Stützweite der zwei Rand- bzw.	
Seitenöffnungen jeweils	*61,76 m*
Pfeilhöhe der Mittelöffnung	*24,00 m*
Fahrbahnbreite ursprünglich	*7,00 m*
Fahrbahnbreite nach Verbreiterung 1935	*10,20 m*
Breite der zwei Fußwege ursprünglich	*2,20 m*
Breite der zwei Fußwege nach Verbreiterung 1935	*3,00 m*
Anstieg der Fahrbahn vom Ufer bis zum Pylon	*1,329 m*
Anstieg der Fahrbahn vom Pylon bis zum Scheitel	*0,608 m*

Gewicht der Ankerkonstruktionen	*450 408 kg*
Gewicht der beiden Seitenträger	*973 102 kg*
Gewicht der beiden Pylonen	*411 841 kg*
Gewicht der Mittelträger	*1 065 621 kg*
Gewicht der Nieten	*97 117 kg*

Baukosten der Brücke

Eiserner Überbau	*1 403 906,81 Mark*
andere Gewerke	*861 665,74 Mark*
(wie Tiefbau, Maurer, Zimmerer)	
Gesamtkosten	*2 265 572,55 Mark*
davon auf Gemeinden entfallende Kosten	*256 320,00 Mark*
jährlich anfallende Unterhaltskosten	*10 000,00 Mark*

DAS ALLTÄGLICHE WUNDER

Nichts wundert den Pessimisten mehr, als die Tatsache, dass die Brücke heute noch steht. Allen Anfechtungen der Zeit hielt das „Wunder" stand. Es trotzte seinen Kritikern mit beharrlichem Stehvermögen. Schon kurz nach Einweihung der Brücke prophezeiten ihr selbst ernannte Heimatschützer baldigen Abriss wegen empfindlich gestörter Ortsästhetik. Als 1933 die Verbreiterung der Brücke im Gespräch war, plädierte ein Blasewitzer Architekt dafür, bei der Gelegenheit „großzügig" vorzugehen, die Eisenkonstruktion abzutragen und durch eine „flachbögige Eisenbetonbrücke" zu ersetzen. Im Mai 1945, zum Ende des Zweiten Weltkrieges, sollte sie vor der heranrückenden Roten Armee in die Luft gejagt werden. Als Stadtplanungsgehilfen um 1967 auf dem Reißbrett ein sozialistisches Stadtteilzentrum „Schillerplatz" mit neuer Brücke zeichneten, wäre ihren Plänen zufolge vom „Blauen Wunder" nichts als der Blasewitzer Brückenturm geblieben.

Von Anfang an strafte der Alltag die Skeptiker Lügen. Nicht im Gedenken an Friedrich Schiller oder Ludwig Richter, nicht für die Villenbesitzer und Sommerfrischler, auch nicht zur Huldigung romantisierender Schönheit war die Brücke errichtet worden. Schnell zeigte sich, dass sie vor allem den östlich vor Dresden gelegenen Elbtalgemeinden Erleichterung und Nutzen brachte. Nicht

Schillerplatz in Blasewitz mit Brückenauffahrt, 1956.

Oberstromseitige Gehbahn, links die Gaststätte „Schillergarten".

umsonst hatten sie den Brückenbau fast zwanzig Jahre eingefordert und dafür eine Bürgschaftssumme von 750 000 Mark hinterlegt. Um das aufgenommene Darlehen auf Zins und Zinseszins zurückzahlen zu können, wurde den Gemeinden von Staats wegen gestattet, Brückenzoll zu erheben. Zu diesem Zweck standen auf Loschwitzer und Blasewitzer Seite Zolleinnehmerhäuschen. Anfangs mussten für Erwachsene 3, für Kinder 2 und für Fuhrwerke 10 Pfennige berappt werden. Später wurde das Zollsystem ausgeklügelter. Im Jahr 1918 war es auf folgendem Stand:

- *Fußgänger, Rad- und Kraftradfahrer sowie Straßenbahngäste: 2 Pfennig; (der 20er Block kostete 30 Pfennig, die Vierteljahreskarte 2 Mark, die Jahreskarte 8 Mark),*
- *Personen aus Blasewitz, Loschwitz und Rochwitz mit einem Einkommen unter 1500 Mark im Jahr zahlten für die Vierteljahreskarte 1,50 Mark, für die Jahreskarte 6 Mark,*
- *mit Lasten beladene Fahrräder, Hunde- und Eselgespanne, Handwagen: 2 Pfennig,*
- *Luxusgeschirre und Kraftfahrzeuge ohne Ware, einschließlich Fahrer: 20 Pfennig,*
- *Zugtiere vor Wagen, Kraftfahrzeuge zum Warentransport, einschließlich Fahrer: 10 Pfennig,*
- *Fuhrwerke, die mehr als 10 Personen befördern, einschließlich Fahrer (ausgenommen Straßenbahn): 40 Pfennig,*
- *Größeres Treibvieh (Pferde, Rinder) je Tier, Treiber frei: 10 Pfennig (ab 11. Tier die Hälfte).*

Zwei Monate nach Eröffnung der Brücke meldete der „Dresdner Anzeiger“ für eine Woche beachtliche Zählergebnis: 31 106 Personen à 3 Pfennig; 7847 Personen à 2 Pfennig; 1811 Pferde à 10 Pfennig; gesamte Wocheneinnahme: 1391, 22 Mark.
Zwei Jahre darauf waren bereits Zolleinnahmen von insgesamt 135 888,53 Mark aufgelaufen. Nach Abzug anteiliger Schuldentilgung erhielten die Gemeinden aus dem Einnahmeüberschuss Gelder für Bau und Erweiterung von Straßen. Bis zur Aufhebung des Zolls, 1921 für Fußgänger, 1924 für Fahrzeuge, wurden jährlich etwa 90 000 Mark eingenommen. Die Baukosten hatten sich nicht nur restlos amortisiert, sondern waren um etwa das Dreifache zurückgeflossen.

Ob durch Wegfall des Brückengeldes oder beginnende Mobilitätssucht, der Straßenverkehr über die Brücke und damit ihre Belastung nahmen stetig zu. Wurden 1911 noch 329 Fahrzeuge, 5800 Passanten und 304 Straßenbahnwagen pro Tag gezählt, waren es 1993 innerhalb von 24 Stunden 32 000 Pkw, 370 Kräder, 1800 Lkw, 860 Fahrräder, Fußgänger nicht eingerechnet. Von aktuellen Verkehrszählungen ausgehend, queren heute an einem Tag etwa 44 000 Kraftfahrzeuge die Brücke.
Vielerlei Maßnahmen mussten ergriffen werden, um das „Wunder" zu erhalten und weiterhin als Verkehrsweg nutzen zu können. Kein Jahrzehnt vergeht, in dem nicht gravierende Veränderungs- und Reparaturarbeiten notwendig sind.

- *Rückbau des schadhaften Stirnholzpflasters und Einbau einer Fahrbahnplatte,*
- *Geschwindigkeitsbeschränkung auf 15 km/h, Zulassung nur für Kfz bis 15 Tonnen,*
- *dramatische Untersuchungsergebnisse zu Beginn der 80er Jahre: Nässe in den Ankerkammern, Korrosionserscheinungen am Scheitelgelenk, Überbeanspruchung durch hochfrequente Schwingungen beim Befahren der Brücke mit der Straßenbahn,*
- *Stopp für den Straßenbahnverkehr am 9. 4. 1985,*
- *umfangreiche Korrosionsschutzmaßnahmen.*

Wer etwas über den Alltag der Brücke erfahren will, muss im Tiefbauamt in den Bauwerksheften blättern, die jedoch nicht öffentlich sind. In ihnen ist alles gesammelt, was ein „Brückenleben" ausmacht. Sie sind Krankenblatt, polizeiliches Führungszeugnis, Tagebuch, Buchhaltungsbericht sowie Briefwechselablage in einem. Sie geben preis, was es heißt, ein solches Bauwerk zu verwalten. Da beklagt eine Frau, dass sie sich auf dem Holzbohlengehweg den Fuß verstaucht hat und fordert Schmerzensgeld. Für Staatsfeiertage wie 1. Mai und 7. Oktober wird das Hissen von Fahnen auf den Pylonenhäuschen angewiesen. Regelmäßig bittet die TU Dresden um Führung von Studenten durch die Ankerkammern. Aus verschiedenen Gründen werden Brückensperrungen beantragt, gleichgültig ob es sich um Friedensfahrt, Dreharbeiten für Film und Fernsehen oder Reparaturarbeiten handelt. Bildende Künst-

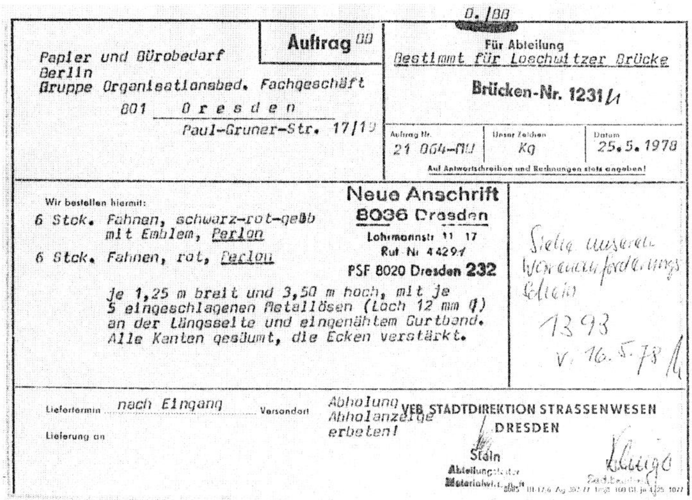

D. /88

Auftrag 88

Papier und Bürobedarf
Berlin
Gruppe Organisationsbed. Fachgeschäft
801 Dresden
Paul-Gruner-Str. 17/19

Für Abteilung
Bestimmt für Loschwitzer Brücke

Brücken-Nr. 1231/1

Auftrag Nr.	Unser Zeichen	Datum
21 064-MU	Kg	25.5.1978

Auf Antwortschreiben und Rechnungen stets angeben!

Neue Anschrift
8036 Dresden
Lohmannstr. 11 17
Ruf-Nr. 44291
PSF 8020 Dresden 232

Wir bestellen hiermit:

6 Stck. Fahnen, schwarz-rot-gelb mit Emblem, Perlon

6 Stck. Fahnen, rot, Perlon

je 1,25 m breit und 3,50 m hoch, mit je 5 eingeschlagenen Metallösen (Loch 12 mm Ø) an der Längsseite und eingenähtem Gurtband. Alle Kanten gesäumt, die Ecken verstärkt.

1393
v. 16.5.78

Liefertermin nach Eingang

Versandart Abholung
Abholanzeige erbeten!

Lieferung an

VEB STADTDIREKTION STRASSENWESEN
DRESDEN

Stein
Abteilungsleiter
Materialwirtschaft

„Bestimmt für Loschwitzer Brücke“: Fahnenbestellung, 1978.

ler und Fotografen bitten um Erlaubnis, die Brückentürme besteigen zu dürfen, mit der Begründung, „dieser erhöhte Standpunkt ist notwendig, um die Landschaft in ihrer ganzen Totalität zu erfassen.“ Ein Passant, der beobachtet hat, dass bei Schweißarbeiten an der Brücke keine Schutzbrillen getragen werden, weist in einem Brief darauf hin, dass die Arbeitsschutzbestimmungen dringend einzuhalten sind. Immer wieder wird um erfolgreiche Taubenbe-

Sonderstempel zum Erstausgabetag der „Wunder“-Briefmarke.

kämpfung und die Beseitigung von Nistplätzen gerungen. Verkehrsunfälle mit Beschädigung von Brückenteilen sind protokollarisch erfasst. Die Stadtreinigung wird wiederholt darauf hingewiesen, Streusalz und Schnee nicht in die Brückenkonstruktion zu werfen. Des Öfteren gibt es Hinweise auf unbefugtes Besteigen („Begehen") der Brücke.

Nahezu jeder Bürgeranfrage wird nachgegangen. Der talgeborene Dresdner ist wissbegierig, nimmt rege Anteil am Tagesgeschehen, ist eben ein allzeit dankbarer „Heimatfreund". Er kennt nicht nur „seinen" Zwinger, den Striezelmarkt und Dynamo Dresden, sondern ist mit jeder Niete vom „Blauen Wunder" vertraut. Deshalb muss es nicht verwundern, wenn ein Bürger, der sich bei Veränderungen an der Brücke um die konstruktive Ausführung sorgt, seine Bedenken dem „werten Herrn Brückeninspektor" mitteilt und den Brief anonym „in Dankbarkeit ein Heimatfreund" zeichnet. Auch die jahrzehntelang vorherrschende Mangelwirtschaft ist gelegentlich in die Bauwerkshefte eingeschrieben. Noch 1988, als umfangreiche Rekonstruktionsarbeiten am „Blauen Wunder" begannen, fragte der Stadtdirektor Straßenwesen beim Rat der Stadt Dresden an, ob für die Brückenarbeiter eine bessere „Bereitstellung von Frischgemüse und Frischobst" möglich wäre. Daraufhin antwortet der zuständige Bürgermeister für Handel und Versorgung:

> *„Es ist mir keinesfalls möglich, für die an der Sanierung der Blasewitzer Elbbrücke beteiligten Betriebe/Kollektive gesonderte Warenfonds anzuweisen bzw. bereitzustellen ... Wir haben den Auftrag, vorrangig alle Kindereinrichtungen, Feriengestaltung, Krankenhäuser, Schülerspeisung mit Frischobst zu versorgen. Der verbleibende Anteil muß in den Einzelhandel fließen."*

„Mit sozialistischem Gruß" endete der Brief vom 3. August 1988. Anderthalb Jahre später ging die Karriere der sozialistischen Abteilung Handel und Versorgung infolge Mangelerscheinung zu Ende. Die Elbe floss währenddessen unbeteiligt durch Dresden und wunderte sich über nichts.

Vielleicht hat das „Blaue Wunder" den Höhepunkt seiner alltäglichen Berühmtheit erlangt, als es am 13. April 2000 zur Briefmarke wurde. Ihr Entwurf soll einen Brückenpfeiler in der Flussmitte gezeigt haben – Claus Köpcke hätte sich im Grab herumgedreht. Daraufhin wurde die Markenbeschriftung „Blaues Wunder in Dresden" so geschickt ins Bild gerückt, dass kaum zu erkennen ist, ob der gezeichnete Pfeiler an Land oder im Wasser steht. Gleichgültig, wohin der Markengrafiker den Pfeiler platziert hat, in Dresden war weit über Philatelistenkreise hinaus die Sammelleidenschaft ausgebrochen. Es galt, Freunde und Kollegen in Weimar oder in München zu bitten, ein paar „Blaue Wunder" zu kaufen, denn in Dresden war die Marke schnell nicht mehr zu haben.

Erstaunen muss, dass nur wenige Künstler von der Brücke zu Werken angeregt wurden. Die Dresdner Dichter „Mickel Czechowski Braun und Tragelehn exilieren nach Preußen", wie Volker Braun konstatierte. Vielleicht versäumten sie deshalb, das „Blaue Wunder" zu bedichten. Nicht einmal der „lyrische Luftikus" und Sachse par excellence, Thomas Rosenlöcher, hat der Brücke eine Ode gewidmet. Wenigstens finden sich im Dresden-Zyklus „Europa nach dem letzten Regen" des Büchner-Preisträgers Durs Grünbein drei relevante Zeilen:

„Das Blaue Wunder hieß flußaufwärts eine Brücke,
Die einem nichts erklärte. Immerhin, sie stand
Gußeisern, nützlich in der Nachkriegsdschungelstadt."

Auch in der Malerei hat die Brücke wenig Spuren hinterlassen. Obwohl zahlreiche Maler nicht weit entfernt vom „Wunder" Ateliers und Wohnungen im 1898 erbauten Künstlerhaus beleben, die nahe Brücke belebt ihre Arbeiten selten. Selbst der Konstruktivist Hermann Glöckner, genannt „Patriarch der Moderne", der im Künstlerhaus wohnte, bis er 98-jährig 1987 starb, konnte offenbar der Brückenkonstruktion nichts „Modernes" abgewinnen. Nur Einzelarbeiten weniger Künstler sind bekannt, auf denen die Brücke ins Bild gerückt ist. Ohne Anspruch auf Vollständigkeit seien Otto Westphal, Max Ackermann, Bernhard Kretzschmar, Peter Graf und Lutz Fleischer genannt. Ernst Hassebrauk (1905–1974) war vermutlich der einzige Maler, den die Brücke nicht nur einmal, sondern zu mehreren Grafiken, Zeichnungen und Gemälden inspirierte. Es scheint zum Alltag der Brücke zu gehören, dass Künstler sie zwar gelegentlich besteigen, um vom erhöhten Standpunkt „die Landschaft in ihrer ganzen Totalität zu erfassen", aber die Brücke selbst nicht erfassen, wenigstens nicht als Wunder.

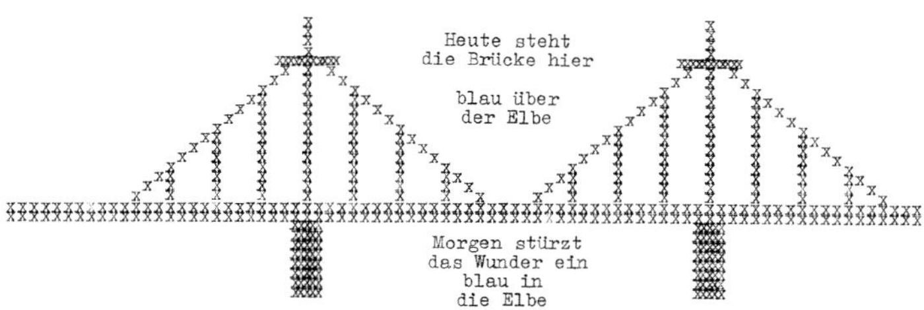

„Blaues Wunder" in einer Schreibmaschinengrafik von Michael Wüstefeld, 1981.

KLAUS BEUCHLER
Entscheidung im Morgengrauen

ANERKANNTE, UNBEKANNTE, VERGESSENE RETTER DER BRÜCKE

„Robinsons Billige Bücher“ aus dem Berliner Kinderbuchverlag zu je 2 Mark waren beliebte Geschenke im Reigen der Kindergeburtstage. Ebenso schnell wie die Reihe handlicher Bücher im farbigen Pappeinband wuchs die Sammel- und Tauschleidenschaft. Ob „Jan auf der Zille“, „Sally Bleistift in Amerika“, „Der tolle Ritt“ oder „Der Junge vom Sklavenschiff“, man musste sie einfach alle auf dem Regalbrett im Kinderzimmer stehen oder wenigstens gelesen haben. Auch das Buch mit dem Spannung verheißenden Titel „Entscheidung im Morgengrauen“ gehörte dazu. Unter Dresdner Kindern Ende der Fünfziger ein ausgesprochener Bestseller, denn es erzählt von der wundersamen Rettung des „Blauen Wunders“. Allerdings nennt der Autor Klaus Beuchler den Brückenretter Reinhold Zickler und behauptet in seinem klassenkämpferischen Nachwort, der „Telegrafer“ lebe unter diesem Namen in Dresden, obwohl jeder Dresdner Jungpionier wusste, dass der Mann Paul Zickler hieß. Aber Namensverfälschung und Klassenkampf interessierten uns damals herzlich wenig. Hauptsache, es ging spannend zu und gut aus und „unsere“ Brücke hing am Ende der Geschichte unversehrt über der Elbe. Ob das gute Ende, dem wir entgegenfieberten, auch der „guten Sache“ diente, war uns schlichtweg gleichgültig. Natürlich hat Beuchler mit seiner 100-

Titelbild des 1960 im Kinderbuchverlag erschienenen Brücken-Buches.

Paul Zickler (links) und Erich Stöckel.

Seiten-Geschichte das damals übliche Schema in schwarzweißer Manier bedient, dort die feigen SS-Schergen, hier der väterlich heldenhafte Prolet. Zugleich aber entwirft er ein ziemlich genaues Bild davon, wie dünn im Mai 1945 der seidene Faden war, an dem die Existenz des „Blauen Wunders" hing, und wie entschlossen Reinhold alias Paul Zickler die Rettung der Brücke zu seiner Sache gemacht hat.

Seit Kriegsende bis heute gibt es immer wieder Spekulationen, aber auch ernsthaft recherchierte Untersuchungen über die Brückenrettung. Die Ansichten darüber, wem die Ehre gebührt, als Retter des „Blauen Wunders" zu gelten, gehen zum Teil weit auseinander. Es wird sogar behauptet, es sei nie beabsichtigt gewesen, die Brücke zu sprengen, was inzwischen durch verschiedene Fakten widerlegt ist. Das Wunder der Rettung besteht darin, dass,

unabhängig und ohne Wissen voneinander, verschiedene Menschen bereit waren, die Sprengung der Loschwitz-Blasewitzer Brücke zu verhindern. Einige Namen und Schicksale sind zu DDR-Zeiten bewusst unter Verschluss gehalten worden, weil sie nicht in das Geschichtsbild des kommunistisch auffrisierten Staates passten.
Paul Zickler (1884–1964), der Jahrzehnte Schillerplatz 5 wohnte, war einer der Ersten, der nach 1945 als der Mann bekannt wurde, der die Sprengung des „Wunders" verhinderte. Anfang April hatte er als Telegrafenarbeiter bei Kabelüberwachungsarbeiten im „Befehlsbunker" des Brückenkommandos, das im Keller Schillerplatz 2 untergebracht war, von den Sprengvorbereitungen erfahren und beobachtet, wie Sprengkammern in die Brückenpfeiler geschlagen wurden. Nachdem am 7. Mai 1945 im Dresdner Stadtzentrum die Albertbrücke gesprengt worden war, war Paul Zickler zu jedem Risiko bereit. Noch am selben Abend kletterte er über ein Holzgerüst unter das „Blaue Wunder" und kappte die Zündkabel.
Erich Stöckel (1893–1964), Dresdner Klempnermeister, wurde in den letzten Kriegswochen zum Volkssturm einberufen und dort dem Brückenschutz am „Blauen Wunder" zugeteilt. Er gehörte dem Pendelposten an, der zwischen Blasewitz und Loschwitz über die Brücke zu patrouillieren hatte, und war dadurch in die Sprengvorbereitungen eingeweiht. Als er erfuhr, dass die Sprengung am 6. Mai durchgeführt werden sollte, entschloss er sich, während seines Wachdienstes in der Nacht vom 5. zum 6. Mai zu handeln. Auf der Brückengehbahn zog Erich Stöckel die Stecker aus der getarnten Sammelbatterie, in die die Zündkabel mündeten.
Beide, Zickler und Stöckel, rivalisierten bis zu ihrem Tod gegeneinander und kämpften um öffentliche Anerkennung ihrer Rettungstat. Erst nachdem beide 1964 gestorben waren, entschloss sich die Stadt, eine Gedenktafel anzubringen. Am 4. Mai 1965 wur-

de sie neben dem Café „Toscana“ mit dem üblichen Pomp des sozialistischen Biedermeiers, von Ehrentribüne bis Kundgebung, eingeweiht. Von Blumen und herzlichem Händedruck für die „Angehörigen dieser beiden heldenhaften Söhne unserer Stadt“ berichtete die „Sächsische Zeitung“. Heute noch hängt die Tafel dort:

> *„Unter Einsatz ihres Lebens bewahrten die Dresdner Bürger Erich Stöckel und Paul Zickler das ‚Blaue Wunder‘ im Mai 1945 vor der Zerstörung durch die Faschisten. Unabhängig voneinander zerschnitten die beiden Bürger die zur Sprengung der Brücke vorgesehenen Kabel und retteten so dieses einzigartige Bauwerk.“*

Max Mühle (1891–1974) wohnte in Rochwitz. Sein täglicher Arbeitsweg führte ihn über das „Blaue Wunder“ und er bemerkte die Sprengvorbereitungen. Bei einem amerikanischen Luftangriff auf Dresden am 17. April 1945 soll Mühle den Fliegeralarm und den Anflug einer Maschine auf die Brücke dazu genutzt haben, die Zündkabel zu durchtrennen. Damit wäre er der Erste gewesen, der seinen Willen, die Sprengung der Brücke zu verhindern, in die Tat umsetzte. 1951 wies eine Untersuchungskommission seine Geschichte als unwahrscheinlich und nicht stichhaltig ab. Auch wenn Verwandte auf Max Mühles Grabkreuz den Ehrentitel „Retter des Blauen Wunders“ anbringen ließen, wurde ihm zu keiner Zeit eine solche Ehrung zuteil.

Hauptmann Wirth, gebürtiger Bayer, befehligte das SS-Sprengkommando am „Blauen Wunder“. Angesichts der stark zerstörten Stadt muss er bei der geplanten Sprengung der Brücke in Gewissenskonflikt geraten sein. In FBI-Akten archivierte Verhörprotokolle überliefern folgende Geschichte: Als der Befehl zur Sprengung kam und die SS diesen sofort ausführen wollte, soll Hauptmann Wirth über den Schillerplatz gerannt sein, den legendären Satz brüllend: „Hier sprenge ich und niemand anders!" Daraufhin sei er in den „Befehlsbunker" Schillerplatz 2 gegangen, habe die Kabel aus der Batterie gerissen, die Schalttafel zertrümmert und seinem Melder noch einen bühnenreifen Satz mit auf den Weg gegeben: „Wir haben alles falsch gemacht, nur dies war richtig." Obwohl die Geschichte von Hauptmann Wirth um 1969 durch verschiedene Presseveröffentlichungen geisterte, wurde in der DDR eine breite Publizität verhindert. Ein SS-Mann als Retter des „Blauen Wunders"? Undenkbar.

Die Rettung des „Wunders" hat für vielerlei Geschichten gesorgt. Namen schwirren durch die Berichte, von Namenlosen ist die Rede, darunter alltägliche Helden, todesmutige, auch gernegroße. Einer aber findet so gut wie nie Erwähnung, nämlich Herr Bieneck, Mitarbeiter der Firma „Anti-Rost-Stange". Nur in den Bauwerksheften, eingelagert im Archiv des Tiefbauamtes, kann eine schmale Spur aufgespürt werden. In einem Aktenvermerk vom 25. August 1952 ist unter „Betreff: Loschwitz-Blasewitzer Brücke" festgehalten:

„Gegen 11.30 Uhr des heutigen Tages erhielten wir von der Firma Stange telefonisch Mitteilung, daß Herr Bieneck, der Polier der Baustelle, beim Entrosten der Stahlkonstruktion oberstromseitig rechts zwischen Pylonen und Ankerkammer im Haupttragglied (Obergurt) in etwa 5 m Höhe 3 Sprengkörper à 3,0 kg gesichtet hat. Es wurde die sofortige Einstellung der Arbeiten veranlaßt und die Kriminalpolizei von diesem Fall verständigt …

... ist es einem glücklichen Zufall und der Geschicklichkeit des Herrn Bieneck zu verdanken, daß die Sprengladungen vom Sandstrahler nicht getroffen wurden. Aller Wahrscheinlichkeit nach wäre dann eine Detonation und die Zerstörung der Brücke nicht auszuschließen.“

Unvorstellbar, wenn die Geduld des seit 1945 versteckten Sprengstoffs 1952 urplötzlich explodiert wäre und die Brücke mit sich gerissen hätte. Herr Bieneck ist ein vergessener Retter, an den keine Tafel erinnert. In einem Brief vom 4. September 1952 bittet das Tiefbauamt um Auszeichnung des Kollegen Bieneck mit 1000 Mark. Ob er die Prämie erhalten hat, ist nicht vermerkt.

„Blaues Wunder“ über der Elbe.

BEGEHUNG DES WUNDERS

„Begehung“ der Brücke meint im Sprachgebrauch eingeweihter Blasewitzer und Loschwitzer Anwohner das verbotene Besteigen. Eine Mutprobe, die darin besteht, auf einem der Obergurte hinauf ins Turmhäuschen zu laufen. Der Erste schleppt einen Eimer Kohlen hoch, stellt ihn im Häuschen ab und kommt wieder herunter. Jeder weitere Kletterkünstler muss zum Beweis, dass er wirklich oben gewesen ist, ein Brikett mit herunterbringen. Ein Nachtspaß unter Kumpanen, der einem geselligen Abend in der Holzveranda des Körnergartens zum krönenden Abschluss verhelfen kann. Unfälle sind nicht überliefert, nur gelegentliche Fluchtmanöver vor heranrückender Polizeistreife.

Als ich die Brücke zum ersten Mal begehe, geschieht das nicht im Verborgenen, nicht nachts, nachdem ich mir Übermut angetrunken habe, sondern am helllichten Tag in Begleitung eines Mitarbeiters des Straßen- und Tiefbauamtes Dresden, Abteilung Brücken und Ingenieurbauwerke, Sachgebiet Brückenprüfung, kurzum der Brückenmeisterei. Wir steigen am Blasewitzer Brückenpylon ein. Die Tür vor der Treppe öffnet sich mir wie ein Fenster im Adventskalender. Erbauungsbilder sind zwar keine zu erwarten, aber das Innere der Brücke tritt zutage. Auf eiserner Wendeltreppe schrauben wir uns aufwärts. Die Blicke kehren sich um. Nicht von

Turmhäuschen

außen nach oben, sondern von innen nach unten wird jetzt gesehen. Immer ist der Kopf den nachsteigenden Schuhen eine Vierteldrehung voran. Bei jedem Schritt schaben die Absätze über Eisen, schleift der Jackenstoff am Treppengitter, schwingt ein Druckknopf der Tasche gegen die Verstrebung. Wie Blasen liegen die gleichmäßig aneinander gereihten Nietköpfe auf den Stahlträgern. Unter uns verdichtet sich das Gewirr von Gitterstäben, Querträgern, Seitenträgern, Obergurten und Hängeeisen. Ein Laie wie ich kann im Fachwerk keine Systematik erkennen. Tauben fliegen auf und davon. Der Handlauf ist kalt.

Endlich, etwas außer Atem und mit weichen Knien, stehe ich 24 Meter über der Fahrbahn. Schnell fliegt der Blick rundherum. Südlich dehnt sich Dresden, bis der Windberg bei Freital den Blick bremst. Träge kommt die Elbe von Osten, wo Lilien- und Königstein den Horizont mit ihren Sandsteintafeln verstellen. Im Norden prallt der Blick sogleich an den nahen Elbhang, auf dem sich die weiße Kugel der Ardenne-Sternwarte, Luisenhof und die Bergstation der Schwebebahn aneinanderreihen. Westlich zeichnet der Fluss einen weit gezogenen Bogen, fließt der nächsten städtischen Brücke zu, darüber dämmern auf der alten Weinbergskante Schloss Albrechtsberg, Villa Stockhausen und Schloss Eckberg. Weiter kann der Blick nicht reichen, aber tiefer. Nicht nur 24 Meter durchs Brückenfachwerk auf die Fahrbahn, nicht nur der Elbe bis auf den Grund, noch tiefer sinkt der Blick ins Erinnern. Gleich einem Kapitän auf der Kommandobrücke stehe ich auf dem Querträger zwischen den Pylonen ans Geländer gelehnt und sehe kommen, was war.

Bergschwebebahn in Loschwitz.

Die Lichtspiele, dem Verfall preisgegeben.

Den Obus sehe ich kommen. Andernorts Oberleitungs- oder Trolleybus, bei uns im Tal immer nur Obus genannt. Wie in Kindertagen schwenkt er auf die Zufahrt der Brücke ein und ähnelt einem Käfer mit übergroßen Fühlern. Kräftig muss der Fahrer am Lenkrad ziehen, um mit dem Obus durch die Kurve zu kommen. Weit dreht es die doppelten Kontaktarme zur Seite, so weit, dass ihre Schleifschuhe fast von der Oberleitung springen. Das freilich hätte mir gefallen, wenn der Kontakt verloren ginge, die Arme hilflos in der Luft pendelten. Fluchend wäre der Fahrer aus seiner Kabine gekommen, um sich den Schaden zu besehen. Dann hätte er nach dieser eigenartigen, am Bus befestigten Stange gegriffen, die wie ein Bootshaken aussah, um mit ihr nach den Kontaktarmen zu fischen und die Schleifschuhe unter die Oberleitung zu setzen. Manchmal, wenn der Kontakt wieder hergestellt war, stoben Funken über das Obusdach, rieselten seitlich an den Fenstern herunter, als habe der Fahrer mit dem Bootshaken eine Sternenreuse aufgerissen. Welches Jahr zu zählen ist, in dem ich mich im Obus sitzen sehe, um mit ihm aus der Südvorstadt nach Bühlau und dort in die Heide zu gelangen, weiß ich nicht mehr.

Aber auf den Tag genau weiß ich noch, wann ich in den Lichtspielen am Schillerplatz meinen ersten Western sah. Am 17. September 1966 kamen Gary Cooper und Grace Kelly in einer Art Landauer über den Schillerplatz. Ich war 15 und „12 Uhr mittags“ 14 Jahre alt. Trotzdem fühlten wir uns wie auf einer Premiere. Dielen und Parkett, die Zuschauerreihen, alles knarrte in den Lichtspielen, weshalb sie von Kinofans „Holzoper“ genannt wurden. Was hätte besser zusammengepasst, als eine „Pferdeoper“ in der „Holzoper“ zu sehen? Irgendwann Ende der Siebziger knarrten die Holzsitze ein letztes Mal. Seitdem fristet das Haus der Lichtspiele ein Schattendasein.

Während ich mir auf der Kommandobrücke des „Blauen Wunders“ einen Überblick verschaffen will, fällt mir ein, im selben Jahr 1966, wenige Monate vor „12 Uhr mittags“, kleideten mich meine Eltern für die Jugendweihe im Konsumkaufhaus „Kontakt“ am Schillerplatz ein. Irgendwie passten die Konfektionsgrößen nicht richtig zu mir, aber dafür gab es die Änderungsschneiderei und Rabattmarken für Hemd, Anzug, Mantel und Schal. Weil die Anprobe alle Beteiligten erhitzt hatte, ging es gleich gegenüber in die Milchbar. Fruchteisbecher hieß mein Favorit, eine richtige Vitaminbombe, auch wenn das Wort wie „Bombenwetter“ zu verdammen und die Vitamine nur Konserve waren. Trotzdem frage ich mich, woher das Kollektiv der Eisbecherzubereiter die Früchte hatte. Vom „Vitaminbasar“ um die Ecke gewiss nicht. Dort gab es meistens nur Äpfel aus Borthen und Sauerkraut aus dem Fass, ruhmreiche Hauptbestandteile der Frischobstversorgung werktätiger Bevölkerung. Früher lockte im Vitaminbasarkiosk das Tombolalosglück zum Nutzen sozialistischen Aufbaus. Das passt gedanklich gut zusammen. Wer an Vitamine herankam, hatte den Hauptgewinn. Und dahinter prangte an der Brandmauer eines halbierten Hauses in Leuchtschrift: „Trinkt Lockwitzgrund Apfelsaft“. Dieser Aufforderung zu jeder Zeit nachzukommen, war nicht ganz einfach, denn Engpässe lauerten auch bei der Saftproduktion. Im Mittelpunkt der Leuchtreklame prangte ein stilisierter Apfel, dem anstatt einer Blüte ein kleines Buchstabenbündel wuchs: VEB.

Einen Dampfer sehe ich elbauf kommen. „Gräfin Cosel“ steht auf dem seitlichen Kasten, unter dem sich das Schaufelrad dreht. Im früheren Leben drehte es sich im Namen von „Ernst Thälmann“,

„Trinkt Lockwitzgrund Apfelsaft“ – Leuchtreklame am Schillerplatz, 1960.

ilchbar
TRINKT
APFELSAFT

dessen feierliche Namenstaufe vermutlich zum Republikgeburtstag mit Rotkäppchensekt begangen worden war. Jetzt knickt die lange Esse ab, damit „Gräfin Cosel“ unter der Brücke hindurchpasst. 24 Meter darüber riecht die Luft kurzzeitig warm. Geradewegs fällt der Blick in die kreisrunde Schornsteinöffnung und wunderbar tief ins Erinnern.
Am liebsten war mir die Aussicht auf das „Wunder“, wenn ich vom Buchhändler und Antiquar Carl Adlers die Brucknerstraße zurück zum Schillerplatz kam. Plötzlich türmte sich gegenüber das blaue Fachwerk, nicht in einer Totalen, sondern im begrenzten Blickwinkel, die geometrischen Linien verkürzt und verschoben. So zusammengedrängt, zeigten sich die Brückenaufbauten nicht filigran verspielt, sondern überraschend expressiv. Welch aufregender Anblick für einen zumeist gelangweilten Ingenieur. Alles andere als gelangweilt war ich, als es bei Feinkost Fendler Anfang der Achtziger französischen Wein gab. Ein einfacher Tischwein in Literflaschen. Das Etikett vermerkte kein Anbaugebiet, stattdessen zeigte es ein Toulouse-Lautrec-Motiv von Moulin Rouge. Rot, rosé und weiß der Wein, jede Flasche für 14,50 Mark. Fendler war, vom Schillerplatz kommend links, das kleine Wunder vor dem „Wunder“. Immer für Überraschungen gut, priesen handgeschriebene Tafeln und Bilder in seinen zwei Schaufenstern Besonderheiten an. Nicht nur zur Weihnachtszeit lief das Geschäft mit den unübertroffenen Dominosteinen, sondern ganzjährig, ganz zu schweigen vom Wunderfeuerwasser mit dem schier unaussprechbaren Namen „Stichpumpulibockforcelorum“, auf das gewiss einer der Fendlerschen Werbesprüche zutraf: „Hast Schnaps du und Likör im Haus, geht nie die frohe Laune aus!“
Wie hypnotisiert sehe ich vom Brückenturm hinunter, meine ich doch, dort einen zu erkennen, dem die gute Laune selten aus-

ging, ob mit oder ohne „Stichpumpuli“. Steht nicht der Volkspolizist Jacob wieder auf der Schillerplatzkreuzung, um den Verkehr mit schwungvollen, beinahe eleganten Hand- und Armbewegungen zu regeln? Günter Jacob, Polizeiobermeister der Dreiseitensperrung, ging 1994 von der Kreuzung. Er war die „Geliebte Weiße Maus“ vom Schillerplatz, auch wenn der gleichnamige DEFA-Film mit Rolf Herricht auf dem Körnerplatz spielte. Zu allem Ungemach fällt mir auch noch dieses Kinderlied ein, das ich mir, zurückhorchend, nur mit Pittiplatsch-Stimme gesungen vorstellen kann. „Ich steh an der Kreuzung, da braust der Verkehr./Ich trau mich nicht rüber, nicht hin und nicht her./Der Volkspolizist, der es gut mit uns meint,/der führt mich hinüber, denn er ist unser Freund.“

24 Meter über der Fahrbahn raunt es mir aus der Luft Namen, Bilder, Nachrichten zu, die ich vergessen wähnte, und ich ahne, eine unmessbare, aber deshalb nicht minder schwerwiegende Last liegt auf der Brücke. Denn jeder bürdet ihr ungebremst seine Erinnerungen auf. Bislang gab es drei Belastungsproben. Die erste 1893, danach wurde die Brücke eingeweiht. Eine zweite 1982, bald darauf musste die Straßenbahn von der Brücke verbannt werden. Die dritte, der historischen Probe nachgestellt, erfreute das Publikum zum 100-jährigen Jubiläum 1993. Danach und heute bringt jeder Tag eine Belastungsprobe. Die Brücke hat verschiedene Könige, Kriege und Klassenkämpfe überlebt. Wird sie auch uns überleben? Pausenlos rollen Fahrzeuge unter Gitterstäben, Querträgern und Hängeeisen hindurch. Bis hoch hinauf auf den Brückenturm sind die Erschütterungen zu spüren, die sich auf das Fachwerk übertragen. Immer wieder durchläuft ein Zittern den Pylon, von dem ich hoffe, dass er mir sicheren Stand gewährt. Bei guter Führung, was ständige Prüfung und Unterhaltung meint,

Im Garten des „Elbehotels“, 1996.

geben die Fachleute der Brücke noch dreißig Lebensjahre. Danach gehört sie vermutlich endgültig zum alten Eisen und wird nurmehr technisches Denkmal sein.
Gebetsmühlenartig reden Reisebüros uns ein, nur Paris, London oder New York hätten die eigentlichen Wunder zu bieten. Dabei ist es keine Übertreibung, sondern unumstößliche Tatsache, auch in Dresden ist das Wunder namentlich zu Hause. Vielleicht aber sollten wir das nur unter der Hand und ganz leise sagen, sonst kommt irgendeiner auf die Idee, das „Blaue Wunder" als eingetragene Marke schützen zu lassen.
Am Ende der Brückenbegehung heißt es, aus dem Wunder auszusteigen, zurück in den Tag. Keine Draufsicht mehr, sondern das unter Passanten übliche, atemlose Aneinandervorbeisehen. Als ich mich von dem Mitarbeiter des Tiefbauamtes verabschiedet habe, bleibe ich noch eine Weile auf der Brücke stehen. Wieder treibt ein Schiff elbab. Eingehüllt von einer Dampfwolke, erlebe ich das selten gewordene Wunder, sehe drüben einen jungen Ingenieur aus dem Pappelwäldchen kommen und sein Fahrrad durch die Elbwiesen steuern.

ZEITTAFEL

1862	Inbetriebnahme einer Dampffähre zwischen Loschwitz und Blasewitz zur Ergänzung der seit dem 13. Jahrhundert ortsüblichen Fähr- und Kahnüberfahrten sowie als Ersatz für die „Prahme“ genannte Wagenfähre.
26. 9. 1872	Dresdens erste Pferdebahnlinie führt vom Pirnaischen Platz nach Blasewitz.
1874	Vorlage zweier Brückenprojekte an das Königliche Finanzministerium; initiiert von dem Unternehmer Bernhard Facilides und dem Grubenbesitzer Engler.
13. 11. 1880	20-Gemeinden-Petition zur Errichtung einer Brücke zwischen Loschwitz und Blasewitz.
15. 10. 1883	Petition der Gemeinde Loschwitz an das Finanzministerium; darin ist die Rede von drei vorliegenden Brückenprojekten: (1) Engler-Brücke, (2) Entwurf der „Königin-Marienhütte“ aus Cainsdorf bei Zwickau, (3) Kitzler-Brücke.

15. 10. 1884	Staatsbeihilfe zum Brückenbau in Höhe von 400 000 Mark in Aussicht gestellt.
28. 7. 1885	Projekt einer versteiften Hängebrücke durch die Königliche Wasserbaudirektion nach Entwürfen von Claus Köpcke.
14. 9. 1886	Gründung des Brückenverbandes zur Vorantreibung und Finanzierung des Projekts; Entwurf einer Drahtkabelbrücke der Firma Felten & Guilleaume in Mühlheim/Rhein als Konkurrenzprojekt zum Köpcke-Entwurf.
1887	Inbetriebnahme von Schraubendampffähren für den Personenverkehr zwischen Loschwitz und Blasewitz.
1890	Claus Köpcke, Geheimer Finanzrat am Sächsischen Finanzministerium, wird zum Bearbeiter und Bauleiter des Brückenprojekts berufen; fortan ist Köpckes Entwurf favorisiert.

19. 11. 1890	Dresdens erste elektrische Straßenbahn verkehrt auf der Strecke Blasewitz-Tolkewitz-Laubegast.
1. 4. 1891	Erster Spatenstich, Baubeginn der Brücke.
28. 4. 1891	Baubeginn an der Loschwitzer Ankerkammer; Fertigstellung Februar 1892.
1. 9. 1891	Baubeginn an der Blasewitzer Ankerkammer; Fertigstellung März 1892.
Oktober 1891	Montagebeginn der Eisenkonstruktion.
1. 7. 1892	Baubeginn des eisernen Fachwerküberbaus.
November 1892	Fertigstellung des Brückenrohbaus.
11. 7. 1893	Belastungsprobe.
15. 7. 1893	Einweihung als „König-Albert-Brücke“; Einstellung der Loschwitz-Blasewitzer Wagenfähre.

1895	Einweihung der Standseilbahn zwischen dem Loschwitzer Körnerplatz und Weißer Hirsch.
1900	Einweihung der Bergschwebebahn zwischen Unter- und Oberloschwitz.
21. 11. 1911	Tod von Claus Köpcke; erste Vorschläge für eine Brückenverbreiterung.
1. 4. 1921	Eingemeindung von Loschwitz und Blasewitz nach Dresden; Aufhebung des Brückenzolls für Fußgänger.
1. 6. 1924	Aufhebung des Brückenzolls für Fahrzeuge.
1926	Einstellung der Loschwitz-Blasewitzer Personenfähre.
18. 3. 1935	Baubeginn zur Brückenverstärkung und Verbreiterung; Gehbahnen werden nach außen verlegt und seitlich angehängt; Fertigstellung 31. 10. 1935.

13. 2. 1945	Beschädigung der Brücke während der Bombardierung Dresdens.
Mai 1945	Verhinderung der Brückensprengung.
1952	Konservierungs- und Anstricharbeiten.
1952/53	Montage des Kontroll- und Besichtigungswagens (Untersichtgerät).
1958	Rückbau des Stirnholzpflasters; Einbau einer stählernen Fahrbahnplatte.
1964	Erneuerung des Anstrichs.
1972/73	Erneuerung der Gehbahn an Unterstromseite.
1974	Die Brücke wird unter Denkmalschutz gestellt.
1981	Feststellung bedenklicher Verschleißerscheinungen an hochbeanspruchten Konstruktionsteilen in den Ankerkammern und am Scheitelgelenk; Verbot für Fahrzeuge von mehr als 15 t

	Gesamtgewicht – Ausnahme: Straßenbahn und Bus; Geschwindigkeitsbegrenzung auf 15 km/h.
1982	Belastungsprobe.
1985	Dynamische Messungen zeigen erhebliche Überbelastung einzelner Stäbe und hohe Belastungsspitzen.
9. 4. 1985	Sperrung der Brücke für den Straßenbahnverkehr; Linie 4 verkehrt zum letzten Mal über „Blaues Wunder“ und Körnerplatz nach Pillnitz.
1987	Scheitelgelenkverstärkung.
1988 bis 1993	Korrosionsschutzmaßnahmen einschließlich Rekonstruktion der Ankerkammern; auf 46 000 m wurden etwa 50 t Anstrichstoffe verbraucht.
nach 1990	Anbau historisch verbrämter Kandelaber, obwohl die Brücke original nicht mit Beleuch-

tung ausgestattet war; erste Straßenlampen wurden um 1930 installiert.

1992	Erneuerung des Anstrichs in der Loschwitzer Ankerkammer.
1993	Einhundertjahrfeier mit symbolischer Belastungsprobe.
1994	Sanierung der Blasewitzer Ankerkammer; Sandstrahlen, Zinkstaubgrundierung, zwei Deckschichten, Beleuchtung.
1995	Dacherneuerung in historischer Ausführung auf den zwei linkselbischen Pylonen.
1996/1997	Erneuerung zweier Schwingungsbremsen.
1999	Einbau dynamischer Achslastwaage mit Erfassungsgeräten.
2000	Verstärkung der Endquerträger.

LITERATUR

Helas, Volker: „Das Blaue Wunder“. fliegenkopf verlag, Halle 1995.

Lux, A.R.: „100 Jahre Blaues Wunder. Festtage vom 26. Juni bis 15. Juli 1993. Festschrift“. Hrsg.: Landeshauptstadt Dresden, Amt für Presse- und Öffentlichkeitsarbeit, Dresden 1993.

Lux, A. R.: „Dem Rätsel der Rettung des ‚Blauen Wunders‘ auf der Spur“. Dresdner Neueste Nachrichten 10. Jhg. (2000), Nr. 106, 112, 118, 129, 135.

Haufe, Fritz; Säckel, Rolf: „100 Jahre ‚Blaues Wunder‘“. Dresdner Hefte 11 (1993) 2.

Hirsch, Ernst; Griebel Matthias; Herre, Volkmar: „August Kotzsch (1836–1910). Photograph in Loschwitz bei Dresden“. VEB Verlag der Kunst, Dresden 1986.

Milde, Horst: „Das ‚Blaue Wunder‘ und sein Brückengeld“. Der Elbhang-Kurier 6/1993.

„Meinhold's Führer durch Dresden zu seinen Kunstschätzen, Umgebungen und in die Sächsisch-Böhmische Schweiz". Verlag C. C. Meinhold & Söhne, Dresden 1881. Reprint Verlag Michael Kuhle, Braunschweig, und fliegenkopf verlag, Halle/Saale 1991.

Beuchler, Klaus: „Entscheidung im Morgengrauen". Robinsons Billige Bücher, Band 14. Der Kinderbuchverlag Berlin 1960.

Hoffmann, Dieter: „Das Blaue Wunder – Weg und Brücke zur Kunst". Die Union 46 (1991) 114, Beilage 18./19./20. 5.

Müller, Wolfgang: „Chronik Dresdner Brücken (4). Blaues Wunder ‚schockte'". Sächsische Neueste Nachrichten 25. Jhg. (1976), Nr. 122, 22./23. 5.

Grünbein, Durs: „Nach den Satiren". Suhrkamp Verlag, Frankfurt am Main 1999.

DER AUTOR

Michael Wüstefeld, geboren 1951, studierte Landtechnik an der TU Dresden. Tätigkeit als Diplomingenieur in einem Dresdner Ingenieurbüro. Seit 1993 freiberuflicher Autor und Kritker; zahlreiche Publikationen. Verschiedene Stipendien im In- und Ausland, Walter-Hasenclever-Preis der Stadt Aachen 1990. Michael Wüstefeld lebt in Dresden.

Publikationen (Auswahl):
Grenzstreifen, Erzählung, 1993
Schloß Pillnitz – Bilder und Ansichten, Foto-Text-Band (gemeinsam mit Frank Höhler), 1996
Schobers Zimmer, Erzählung, 1998
Wegzehrung, Gedichte, 2001

BILDNACHWEIS

Brückenmeisterei Dresden: *41*
Festschrift „100 Jahre Blaues Wunder“, Landeshauptstadt Dresden (Hrsg.) 1993: *20, 48*
„100 Jahre Blaues Wunder“. Dresdner Hefte – Beiträge zur Kulturgeschichte, 11. Jhg. (1993), Heft 34: *30*
Hirsch/Griebel/Herre (Hrsg.), „August Kotzsch – Photograph in Loschwitz bei Dresden“, Dresden 1986: *12*
Frank Höhler, Dresden: Umschlag, *26, 29, 32, 38, 53, 54, 57, 58, 64, 79*
Sächsische Landesbibliothek – Staats- und Universitätsbibliothek Dresden (SLUB)/Deutsche Fotothek: *6, 9* (W. Hahn), *15* (A. Kotzsch), *19* (Würker), *23* (A. Kotzsch/Würker), *36* (W. Möbius), *61* (Alex)
Michael Wüstefeld, Dresden: *10, 42, 45, 46*

DANK

Mein Dank gilt Dipl.-Ing. Hirche für die gemeinsame Begehung des „Blauen Wunders" und des Brückenarchivs sowie Herrn Fritz Haufe für ein Gespräch im Café „Toscana".

Das „Wunder" bei Nacht. Foto von 1996.

Die Deutsche Bibliothek – CIP-Einheitsaufnahme
Blaues Wunder: Dresdens wunderlichste Brücke/Michael Wüstefeld. –
Berlin: be.bra-Verl., 2002
ISBN 3-930863-81-2

KulturBrauerei Haus S
Schönhauser Allee 37, 10435 Berlin
info@bebraverlag.de
www.bebraverlag.de

Lektorat: Gabriele Dietz, Berlin
Gestaltung: gold, Berlin
Umschlag: gold unter Verwendung eines Fotos von Frank Höhler
Schriften: ITC New Baskerville 9,25 pt, Akzidenz Grotesk 9,5 pt
Druck und Bindung: Druckerei Gerike, Berlin

ISBN 3-930863-81-2